R 19312

1751

Formey, Jean-Henri Samuel

Essai sur la perfection pour servir de suite au "Système du vrai bonheur"

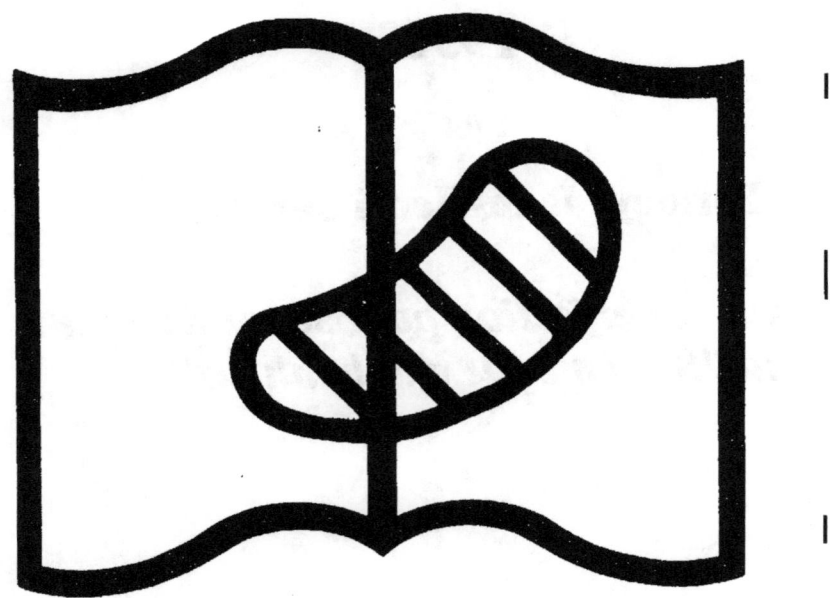

**Symbole applicable
pour tout, ou partie
des documents microfilmés**

Original illisible

NF Z 43-120-10

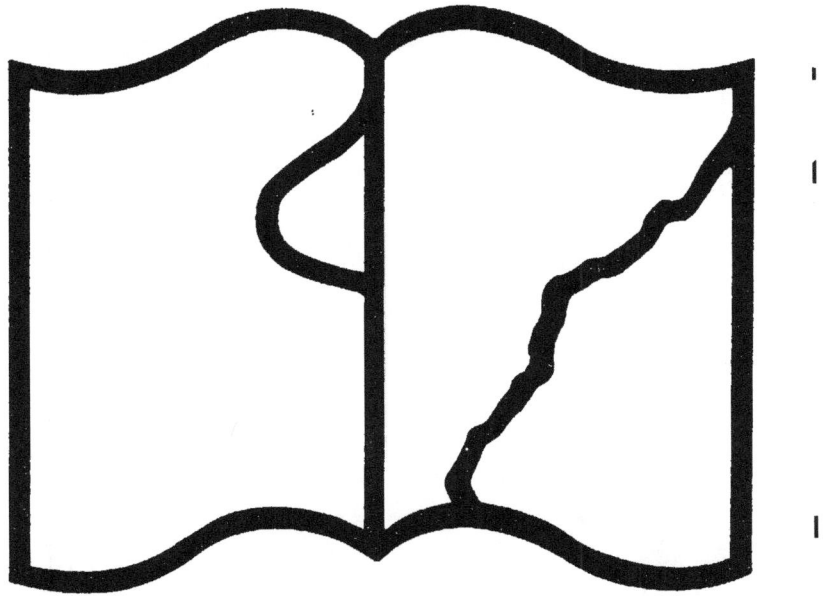

**Symbole applicable
pour tout, ou partie
des documents microfilmés**

Texte détérioré — reliure défectueuse

NF Z 43-120-11

1931°

ESSAI
SUR
LA PERFECTION.

ESSAI
SUR
LA PERFECTION,

POUR SERVIR DE SUITE

AU SYSTESME

DU VRAI BONHEUR.

Par M. FORMEY.

A UTRECHT,

Chez SORLI, Libraire.

M. DCC. LI.

INTRODUCTION.

Tout l'Univers se partage en deux classes générales d'Etres. Les uns destitués d'intelligence & de raison ont à chaque instant tout ce qui convient à leur état; ils suivent une certaine route, ils conservent un certain ordre entr'eux, sans s'en écarter jamais. Ouvrages d'un Dieu, qui les a formés suivant le plan le plus digne de ses adorables perfections, ils en sont un véritable miroir, & l'on peut contempler dans ces objets visibles ce que Saint Paul appelle *les choses invisibles de Dieu, sa puissance éternelle & sa Divinité.*

L'autre classe d'Etres est distinguée par une propriété bien singuliére, & bien merveilleuse, c'est celle de se connoître soi-même & les objets qui l'environnent, & de pouvoir déterminer ses actions par un principe qui ne dépend point des Loix aveugles du méchanisme, par la liberté. Mais cette prérogative si glorieuse semble se changer tout-à-coup en une foiblesse humiliante, quand on voit les Etres libres être les seuls qui sortent de l'ordre, & qui ayent le funeste privilége d'altérer leur perfection naturelle, de la détruire & d'être les Artisans de leur propre malheur.

Quel est le sort le plus désirable ? Celui des Créatures inanimées & brutes, ou celui des Etres intelligens & libres ? A voir les affreux désordres que le péché, triste fruit de l'abus de la liberté, a causés dans le monde, on seroit tenté de regarder cette Question du moins comme problêmatique, ou même d'envier un état qui met pour jamais à l'abri des redoutables traits de la vengeance Divine. Mais un peu d'attention & de réflexion ôteront bien-tôt à l'homme cette envie d'abjurer, pour ainsi dire, sa propre Nature, & lui feront craindre de se montrer ingrat envers l'Auteur de son Etre, en regardant ses présens comme des dons empoisonnés qu'il vaudroit mieux n'avoir point reçus.

Il est vrai, que nous portons en nous-mêmes le principe de notre imperfection & de nos misères ; mais est-ce la destination de ce principe, & sommes-nous inévitablement déterminés à l'employer de la sorte ? S'il en étoit ainsi, nous serions assurément les plus malheureuses de toutes les Créatures ; le moindre ver de terre, le plus petit grain de sable, existeroit à des conditions bien moins onéreuses que nous ; toute l'étendue de nos connoissances, toute la délicatesse de nos sentimens ne seroient que des moyens plus efficaces de nous plonger dans les abîmes du malheur.

N'outrageons point la Divinité par des imputations aussi injurieuses, & reconnoissons au contraire tout le bien qu'elle a voulu nous procurer, en nous faisant tels que nous sommes. C'est cette intelligence, c'est cette liberté, ce sont ces attributs d'une ame spirituelle, dont nous étions sur le point de nous plaindre, qui nous ouvrent la source d'un bonheur interdit à tous les Etres matériels, puisque c'est cette intelligence, c'est cette liberté, ce sont ces attributs d'une ame spirituelle, qui nous ouvrent la route d'une perfection, qui est notre propre ouvrage, & qui nous met dans une espéce de ressemblance avec l'Auteur même de notre Etre. Oui de toutes les Créatures que nous connoissons par la voye de l'expérience, il n'y a que l'homme, qui puisse aspirer à la perfection, & remplir successivement la tâche que le Fils de Dieu impose à ses Disciples, lorsqu'il leur dit : *Soyez parfaits, comme votre Pere qui est aux Cieux, est parfait.*

On reproche aux Auteurs d'exagérer l'importance du sujet qu'ils ont à traiter; mais je ne crois rien risquer à ces égards, en disant que c'est ici le précepte le plus important, le plus sublime, le plus essentiel qui ait jamais été donné, que c'est tout à la fois l'abrégé de la Loi naturelle & de la Loi révélée, & que du dégré dans lequel nous l'accomplissons dépend le dégré de notre bonheur présent, & de notre bonheur à venir. Pénétré donc du prix de cette maxime, je vais travailler à la développer ; & voici mon plan. J'examinerai d'abord ce que c'est que la perfection ; je proposerai ensuite les régles ou maximes qui peuvent nous y conduire, & enfin je ferai sentir la force du motif pris de l'idée, & pour ainsi dire, de l'exemple de Dieu même.

ESSAI SUR LA PERFECTION.

CHAPITRE I.

Idée de la Perfection.

IL y a bien des chofes dans le Monde dont on parle beaucoup, & qu'on ne connoît pourtant guéres. De ce nombre eft fans contredit la Perfection. L'épithéte de parfait fe donne, fe prodigue au hazard;

& lors même qu'il lui arrive d'être heureusement appliquée, on ne sçauroit en rendre raison, & démontrer la justesse de l'application. Nous jugeons des objets par un sentiment confus, & contens de laisser certaines impressions générales, les détails nous déplaisent & nous rebutent. Et ce n'est pourtant que par la connoissance des détails que l'on parvient à se représenter distinctement les choses, à juger de leur perfection ou de leur imperfection.

Il faut considérer deux choses principales dans tous les Etres, l'assemblage des parties qui forment leur tout, & le but auquel cet assemblage se rapporte. Si nous sommes privés de l'une de ces

ces deux connoiſſances au ſujet de quelque Etre ; ſa perfection nous demeurera toujours inconnue. Un animal, par exemple, dont les parties ſont d'une petiteſſe qui échappe à mes ſens, ne pourra jamais être l'objet de mon admiration, en tant que parfait. Ou bien une machine, dont je puis voir & examiner toute la conſtruction, ne me paroîtra ni parfaite, ni imparfaite, tant que j'ignorerai à quoi elle eſt deſtinée.

Nous ne commençons donc à connoître la perfection d'une choſe, que quand, inſtruits du but auquel elle tend, nous en examinons les piéces ou parties, & nous reconnoiſſons qu'elles ſe

B

rapportent effectivement à ce but, qu'elles y tendent de concert. Le corps humain, par exemple, cette machine si artistement composée, est au premier coup d'œil une énigme pour moi. Je l'étudie, & je découvre que son but, est, de procurer & de maintenir l'exécution d'un certain nombre de mouvemens, comme la respiration, la digestion, la circulation du sang, & des autres fluides d'où dépend la vie. Je le décompose ensuite, & je vois que chaque membre, chaque organe, chaque ressort aide à la production & à la conservation de ces mouvemens, qu'aucune piéce n'est inutile, mais que toutes ensemble vont sans se détraquer, & constituent un corps sain, vigoureux & parfait.

Il en est de même dans les Arts. Pour faire un Tableau, une Statue, une Maison, il faut une certaine disposition des couleurs sur la toile, une suite de coups de ciseaux sur le marbre, un arrangement de matériaux & d'appartemens, lesquels ont un but déterminé. Si je connois donc le but du Peintre, du Sculpteur, de l'Architecte, & que rapportant l'examen successif, que je fais de toutes les parties de leurs Ouvrages à ce but, je reconnoisse qu'il n'y en a aucune qui s'en écarte, je dis qu'il n'y a rien du tout à y reprendre, c'est-à-dire, qu'ils ont atteint la perfection. Une seule détermination contraire à leur but est un pas vers l'imperfection, & si le nombre de ces déterminations va en croissant, l'imperfection s'augmente avec lui.

Telle est la perfection en soi ; c'est l'accord & l'harmonie avec laquelle les diverses parties d'un tout conspirent au même but. Il s'agit d'appliquer cette idée à la perfection de l'homme, & c'est ce que nous allons faire.

L'homme est un tout, dans lequel on distingue deux parties principales, l'ame & le corps. Chacune de ces parties a certaines propriétés ou facultés, qui en découvrent le but & la destination. L'ame a le pouvoir d'acquérir des idées, de les étendre &

de s'enrichir de plusieurs connoissances. Le corps, nous le disions tout à l'heure, est un assemblage d'organes, dont le mouvement harmonique, produit la santé & la vie. Cette ame & ce corps sont unis par la volonté du Créateur du lien le plus étroit, de sorte que ce qui met le trouble & le désordre dans l'ame est préjudiciable aux fonctions du corps, & réciproquement ce qui gâte & détruit les organes du corps ôte à l'ame l'exercice de ses facultés. Le but auquel se rapporte donc cet Etre composé d'ame & de corps, qu'on appelle l'homme, c'est le maintien & l'accroissement des facultés de son ame & de son corps, qu'il est obligé de procurer par tous les moyens qui font en son pouvoir.

Mais qu'est-ce qui est en son pouvoir ? La Nature, c'est-à-dire, Dieu même n'a-t'il pas donné à l'homme cette ame avec ses facultés, ce corps avec ses organes, & peut-il remédier aux défauts essentiels de sa constitution, s'il s'y en trouve ? ici, il faut distinguer dans l'homme deux sortes d'actions ; pour connoître qu'elles sont celles dont dépend sa perfection. Il y a des actions naturelles & nécessaires, qui exercent & se succédent les unes aux autres sans nous & indépendamment de nous. Nous voyons, nous entendons, nous touchons ; les idées des objets que nous appercevons par ces sens s'excitent aussi-tôt dans notre ame. Il faut que cela soit, & nous ne pouvons empêcher l'effet de cette impression. L'imagination reproduit certaines idées d'objets apperçus auparavant par la voye des sens ; & elle les reproduit, sans que nous les lui demandions, quelquefois même contre notre gré. La mémoire laisse échapper des choses que nous aurions souhaité de retenir, & qui s'effacent malgré nous. De même le corps exécute toutes les opérations de son méchanisme intérieur, sans que notre volonté les dirige, & pour l'ordinaire sans que nous en ayons aucune connoissance. Divers désordres naissent dans notre constitution, divers maux nous assaillent, dont les causes sont entiérement hors de notre pouvoir, & que nous n'avions pû, ni prévoir, ni prévenir. Tout cela ne préjudicie point à la perfection de l'homme dont il s'agit ici, parce que cette perfection est uniquement fondée sur un tout autre ordre d'actions.

Je veux parler des actions libres, que nous faisons, parce que nous voulons bien les faire, & auxquelles la détermination de notre volonté donne l'existence. On entend sans doute ce que je veux dire par-là, & il n'y a personne qui ne sçache distinguer ses actions libres d'avec les actions nécessaires. Vous n'êtes pas libre, par exemple, quand les alimens sont dans votre estomac, d'empêcher que la digestion ne s'y fasse, mais vous étiez libres, lorsque vous avez pris ces alimens de n'en prendre qu'une dose convenable à vos besoins. Vous n'êtes pas libre, lorsque votre imagination a été salie par la vûe d'objets immodestes, par des conversations obscènes, par la lecture de Livres dangereux; vous n'êtes pas libre d'empêcher le retour de ces idées, mais vous étiez libre d'éviter ces objets, ces conversations, ces Livres. En un mot, depuis le moment qu'un enfant commence à sentir qu'il peut faire ou ne pas faire une action, & qu'il l'a fait ou ne l'a fait pas par un effet de son choix, depuis ce moment, dis-je, jusqu'à celui du trépas, il se forme une suite, une enchaînure d'actions libres, qui donnent à l'homme une vie morale toute différente de la vie animale, qui est le partage des Etres privés de raison & de liberté.

Or c'est à l'égard de cette vie morale qu'on peut dire à l'homme : *Soyez parfait*, puisqu'elle est son ouvrage, qu'il en forme tous les traits, & que chacune des actions qu'il y fait entrer a dépendu de lui. Quand vous comparez, par exemple, une journée d'application au travail & à vos devoirs, avec une journée de dissolution & de débauche, ne sentez-vous pas intérieurement que l'une &

l'autre font l'effet de votre choix; l'approbation que votre conscience donne à l'une, le défaveu qu'elle fait de l'autre, ne vous convainquent-ils pas, que de part & d'autre c'est votre ouvrage ? On ne se reproche pas d'avoir la vûe foible, ou quelque disposition irréguliére dans la structure du corps, si la naissance ou quelque accident inévitable en font cause ; mais si des excès que vous avez commis involontairement ont occasionné cet état, vous ne sçauriez y penser sans regret, vous aimeriez mieux n'avoir pas fait ce que vous avez fait, & par conséquent vous reconnoissez que vous auriez pû ne le pas faire.

Mais que m'arrêtai-je à prouver

la liberté de l'homme ? C'est une vérité de sentiment qu'on a beau attaquer par de vains sophismes, qui sont inéficaces contre la conviction que nous en portons continuellement au dedans de nous. Il s'agit de voir comment elle est le principe de notre perfection ou de notre imperfection, suivant l'usage que nous en faisons. Et voici le raisonnement que nous formons là-dessus. La perfection d'un tout consiste dans l'accord avec lequel toutes ces parties tendent au but de leur destination. Nous l'avons prouvé. Or la vie morale de l'homme, cette enchaînure de déterminations libres peut être regardée comme un tout, dont chaque action est une partie. Ainſi la perfection de ce tout conſiſte dans l'accord de toutes les parties, c'eſt-à-dire, de toutes nos actions libres vers leur véritable but.

Il reſte donc uniquement à ſçavoir quel eſt ce but, & nous aurons le principe de la perfection de l'homme. Mais pourrions-nous le méconnoître ce but de notre deſtination ? Il eſt gravé au dedans de nous ; c'eſt cette Loi écrite dans nos propres cœurs, qui nous en inſtruira de la maniére la plus poſitive, ſi nous la conſultons. Nous avons un guide infaillible, c'eſt la Nature, elle tend continuellement à ſa propre perfection ; en ſuivant ſes directions, nous nous rendrons parfaits, comme nous y sommes appellés. Expliquons-nous davantage afin de lever toute équivoque.

Il est aisé à chaque homme qui jouit de l'usage de la raison de passer en revûe les facultés de son ame & de son corps, & de se dire à lui-même ; j'ai une ame qui peut être tirée de son état d'ignorance, & dont l'attention & l'activité sont capables de former un amas de connoissances distinctes & utiles. Cette ame a de plus une pente naturelle & invincible vers le bien, & je puis m'en servir pour la porter vers de vrais biens qui la rendront constamment heureuse. J'ai encore un corps, dont je puis conserver & augmenter la force & la vigueur, en ne faisant servir ses membres & ses organes qu'aux fins pour lesquelles la Nature les a destinés; je puis par la pratique de la sobriété & de la chasteté éviter mille maux, qui sont des suites infaillibles des vices contraires à ces vertus. Je soutiens qu'il n'y a personne qui ne puisse faire ces observations sur soi-même, & en sentir la vérité. J'en conclus qu'il n'y a personne qui ne puisse sçavoir en quoi consiste sa perfection, & ce qu'il a à faire pour y parvenir. Une seule régle suffit & embrasse tout. Il n'a qu'à régler cette suite d'actions libres qui dépendent de lui, de maniére qu'il n'y en ait jamais aucune qui soit en contradiction avec les actions paturelles, avec les fins de la Nature, aucune qui croise & qui combatte cette destination que nous annoncent nos propres facultés.

Voilà tout le secret de la perfection. Elle consiste dans une suite constante d'actions libres, qui s'accordant toutes entr'elles & avec les actions naturelles & nécessaires, aillent de concert au même but, & procurent à notre ame & à notre corps l'exercice le plus complet de leurs facultés. Si il se trouvoit un homme qui prêt à rendre le dernier soupir pût protester avec vérité qu'il n'a jamais rien fait qui ne fût propre à éclairer son esprit, à rectifier sa volonté, & à conserver le bon état de son

son corps, un tel homme auroit mené une vie parfaite.

Rien donc de plus important que la régle générale que nous avons proposée, mais comme pour la mettre en pratique, il faut encore connoître & suivre quelques régles particuliéres, qui lui sont subordonnées, nous allons en faire la matiére du Chapitre suivant.

―――――――――

CHAPITRE II.

Régles de la Perfection.

LEs hommes sont continuellement la dupe de divers secrets dont on les berce, de diverses promesses illusoires, par lesquelles on les flatte d'obtenir ce qu'ils souhaitent avec le plus de passion. Voici, dit-on à l'un, le chemin de la gloire, suivez cette route, elle ne sçauroit manquer de vous conduire au but. Voici, dit-on à l'autre, une mine inépuisable de richesses, creusez & votre fortune est faite. Sont-ce les Sciences que vous voulez apprendre ? Mille voix vous crient ; venez, approchez, c'est ici la seule véritable, toutes les autres ne sont que ténébres ou imposture. Est-ce la santé que vous cherchez ? A chaque pas vous rencontrerez des donneurs de recette, qui vous promettront le rétablissement, la vigueur, peu s'en faut qu'ils n'ajoutent l'immortalité. Qu'arrive-t-il de tout cela ? C'est que les pauvres mortels se nourrissent pendant toute leur vie de fumée, & déplorent, mais trop tard, leur crédulité, lorsqu'ils voyent le tombeau s'ouvrir sous leurs pas, & engloutir toutes leurs espérances.

Allons tout d'un coup à la source de cette multitude d'erreurs, & nous découvrirons le principe qui s'oppose si constamment à la réalisation, si je puis parler ainsi, de tous les projets de félicité humaine ? Le voici selon moi. C'est que la vraye félicité est un tout dont les parties ne sçauroient être démembrées au goût des hommes, de manière que l'un puisse dire, j'en veux pour ma part la gloire; un autre, moi les richesses; celui-ci la santé, celui-là la science. Toutes ces choses s'acquiérent de concert; & par un effet de la bonté immense de l'Auteur de notre Etre, quiconque marche dans la route du vrai bonheur se trouve possesseur de toutes les sortes de biens qui peuvent y contribuer. Il n'a besoin de se détourner, ni à droite, ni à gauche, pour s'y assurer tel ou tel avantage particulier, aucun d'eux ne sçauroit lui échapper, s'il ne s'écarte jamais du plan que la Nature, la Raison, la Sagesse, DIEU même, (car toutes ces idées ne différent point) lui ont une fois tracé. Ainsi ce dogme qu'on a traité de chimére chez les Stoïciens, que le Sage est tout, qu'il est riche, qu'il est puissant, qu'il est beau, qu'il est Roi même dans les fers ; ce dogme, dis-je, chimérique en effet, à l'égard de ces Philosophes, qui n'étoient pas en état de donner les principes & les régles de la véritable sagesse, devient une vérité & une réalité pour ceux qui connoissent ces principes & ces régles, & qui sont en état de les suivre.

J'ai examiné dans le Chapitre précédent l'idée de la Perfection, j'en ai proposé la régle fondamentale. Cette régle, ai-je dit, c'est de diriger toute cette enchaînure d'actions libres, qui constituent notre vie morale, de maniére qu'elles s'accordent parfaitement avec les actions naturelles ou nécessaires, & qu'elles tendent de concert à procurer à notre ame & à notre corps l'exercice le plus complet de leurs facultés. C'est donc la loi de la Nature que je mets devant les yeux de mes Lecteurs, mais je ne pense pas avoir besoin de prévenir la confusion, ou l'équivoque qu'on pourroit faire entre cette Loi, & ce que certaines gens appellent mal-à-propos la Nature, c'est-à-dire, les penchans grossiers qui nous sont communs avec les animaux, comme si j'enseignois qu'on pût suivre l'instinct machinal toutes les fois qu'il se fait sentir, & le regarder comme la voix de la Nature. A Dieu ne plaise ? La Loi naturelle que je pose; c'est cette régle du beau, du droit, de l'honnête que la raison déduit de la considération de notre Etre, & de notre situation dans l'Univers. Or cette régle bride & matte les sens, toutes les fois qu'ils font des demandes inutiles ou nuisibles, avec tout autant de sévérité que la Religion; & ceux qui croiroient se mettre plus au large en vivant sous l'empire de la Nature se tromperoient grossiérement; car ils prendroient la Loi de la corruption pour la Loi naturelle. J'ai crû ces réflexions préliminaires nécessaires à mon but; j'entre en matiére, & je consacre le reste de ce Chapitre à établir quatre maximes propres à nous conduire à la perfection.

I. La premiere est bien simple ; c'est que pour devenir parfait, il faut le vouloir. Ce n'est point ici un Ouvrage machinal, que des causes externes puissent produire par un concours heureux & sans notre intervention. Un tissu d'actions libres ne peut être rapporté à un but qui en détermine la perfection, que par une intelligence qui fixe ce but, & qui y conforme sa conduite. Mais il y a tant de mouvemens de l'ame qui portent abusivement le nom de volonté, qu'il faut donner encore plus de précision à notre régle, que nous n'avons fait, en disant simplement que pour devenir parfait, il faut le vouloir. Vous pourriez croire que cette volonté, c'est un simple désir, une de ces velleïtés imparfaites, dont les hommes sont continuellement remplis, & qui n'ont aucune efficace pour les tirer de leur indolence & de leur inaction. Non, vouloir la perfection, c'est se la proposer pour derniére & principale fin de toutes ses actions. Jusqu'à ce qu'elle ait acquis ce caractére distinct & ineffaçable, ce ne sera qu'un beau phantôme, que nous perdrons à tout moment de vûe. Qu'on en juge par les entreprises humaines. Qui sont ceux qui réussissent ? Déja dans les Arts & dans les Sciences, il n'y a de succès que pour les personnes studieuses & appliquées, qui ont pris la ferme résolution de dévorer toutes les peines, d'avoir toute l'attention & toute l'assiduité que demande l'objet qu'elles ont en vûe. Et dans ce qui est du ressort de la fortune, s'il se trouve des cas imprévûs, où l'on obtient sans effort des avantages considérables, ce sont pourtant de simples exceptions à l'obligation générale d'employer son activité & sa prudence, lorsqu'on veut parvenir dans le monde. Un mot peu mesuré, une action déplacée suffisent pour détruire l'édifice qui avoit couté le plus de peine à construire. Mais, comme le Sauveur l'a remarqué, les enfans de ce siécle l'emportent de beaucoup à cet égard sur les enfans de lumiere. Rien ne leur paroît pénible & rébutant, rien n'échappe à leur attention, & surtout ils ne perdent jamais de vûe la fin qu'ils se proposent. Tel est le modéle que nous sommes appellés à sanctifier, en l'appliquant à la recherche de la perfection. Si des biens particuliers, passagers, trompeurs, peuvent fixer ainsi les hommes d'une maniére invariable, le bien par excellence, l'amas de tous les biens qui dépendent tous en effet de la perfection, en seroit-il incapable ? S'il y a des hommes qui puissent se répéter à eux-mêmes toute leur vie : Je veux être riche, je veux parvenir aux dignités, & qui par leur travail infatigable en viennent à bout, n'y aura-t'il personne qui puisse dire, je veux être parfait,

& s'imprimer si fortement ce désir que toutes ses actions s'y rapportent ? Ce sont pourtant les seuls auxquels l'accès à la perfection soit ouvert ; car il n'en est pas comme de la grace qui nous prévient & nous sollicite, la perfection nous attend, elle se laisse trouver, mais uniquement par ceux qui en font leur objet capital, & la cherchent sans relâche.

II. Une seconde maxime, sans laquelle la précédente demeureroit infructueuse, c'est de ne jamais rien faire sans le rapporter à quelque fin. Je dis simplement à quelque fin, au lieu de dire à notre perfection, parce que nous verrons dans la suite qu'il y a des fins particuliéres qu'il est permis à l'homme d'avoir en vûe, pourvû qu'elles ne s'écartent pas de la fin générale. Tout ce que je demande donc pour le préfent à la Créature raifonnable & libre, c'eft de ne point agir, fans être en état de fe rendre raifon à elle-même de fa conduite, c'eft de s'accoûtumer à donner à chacune de fes actions un but qui la détermine d'une maniére diftincte & pofitive. Or c'eft à quoi peu de perfonnes apportent l'attention qu'elles devroient, & de-là tant d'actions imprudentes, inconfidérées, qui nuifent à nous-mêmes & aux autres. Le gros des hommes ne reconnoît que deux principes de fes actions, la routine & le hazard. On fait certaines chofes parce qu'on les a toujours faites, & dans les cas qui nous appellent à agir d'une maniére qui ne nous est pas familiére, on prend le premier parti qui s'offre à l'esprit, sans examen, sans réflexion. Le moyen que des actions de cette nature avancent l'ouvrage de notre perfection! Tout au contraire elles y sont diamétralement opposées, & il en résulte un chaos d'idées & de conduite, qui nous jette d'erreur en erreur, & d'imperfection en imperfection. Il y a par exemple, un nombre assez considérable de personnes désœuvrées dans la Société, qui parce que leur état & leurs besoins ne les appellent pas à vaquer à certains travaux de l'esprit ou du corps, semblent n'être absolument bonnes à rien, & dont l'air annonce qu'elles font à charge à elles-mêmes. Je vous invite à suivre ces gens-là & à obferver leurs actions pendant une journée feulement, (car qui en voit une a vû toutes les autres) & vous ferez furpris qu'une ame, qui à certains égards montre de l'efprit, de la réflexion, foit dans une inaction auffi complette par rapport aux moyens qui pourroient la perfectionner. Car enfin au lieu d'errer de chambre en chambre dans votre maifon, de rue en rue dans votre Ville, d'attaquer, pour ainfi dire, les paffans, afin de lier des converfations vagues & fuperficielles, de vous repaître d'amufemens frivoles, dont vous ne pouvez être privé fans accablement; parce que vous en faites la feule nourriture de votre ame; au lieu, dis-je, de fournir chaque jour cette carriére vrayement honteuse pour la raifon, & de renouveller une circulation perpétuelle de véritables riens, ne pourriez-vous pas trouver mille moyens d'éclairer votre efprit, de régler vos paffions, de procurer quelqu'avantage à la Société, en un mot de devenir meilleur, & par conféquent plus heureux? D'où vient croupiffez-vous dans votre état, & vous y enfoncez vous de plus en plus? C'eft que vous agiffez fans vous propofer aucune fin.

III. Je paffe à une troifiéme maxime, & je commence par l'exprimer

primer en ces termes. Il faut subordonner les unes aux autres les fins particulières de notre conduite, & les enchaîner ensemble, de telle sorte que l'une serve toujours de moyen à l'autre, & que toutes ensemble forment un moyen général d'arriver à notre perfection. Tout cela est clair & facile moyennant un peu d'attention. Demander aux hommes qu'ils ayent l'esprit perpétuellement occupé de la seule idée de la perfection, & que laissant tous les détails de la vie, tous les besoins & tous les penchans particuliers, ils soient appliqués sans relâche à cette contemplation, ce seroit les rebuter tout d'un coup, & n'obtenir rien en demandant trop.

Non, nous pouvons, chacun dans notre état, nourrir les idées qui y conviennent, & nous appliquer à leur réuſſite. L'homme de guerre peut, lorſqu'il eſt dans un tel grade, avoir en vûe le grade qui eſt immédiatement au-deſſus; arrivé à celui-là, en eſpérer à force de tems & de ſervice, un autre, & ne borner ſes déſirs qu'au plus haut dégré de ſon état. Le Négociant peut aller d'entrepriſe en entrepriſe, & groſſir d'année en année ſon Commerce, ſi les conjonctures le favoriſent. Un voyage, un mariage, une foule d'autres circonſtances font naître dans la vie des fins particuliéres, qui occupent notre attention & nous mettent en mouvement juſqu'à ce que nous les ayons remplies. Nous n'avons garde de les condamner, puisqu'au contraire chacune de ces fins est un moyen de perfection, pourvû que nous ayons égard aux deux conditions que j'ai prescrites. La premiére, c'est de subordonner ces fins les unes aux autres, de maniére que l'une conduise toujours à l'autre, & soit comme son moyen. Si l'on y prend bien garde, la source constante des défauts des hommes, l'écueil perpétuel contre lequel ils vont se heurter, c'est de ne point enchaîner entr'elles les fins particuliéres, mais d'en avoir aujourd'hui une, demain une autre, sans penser si elles s'assortissent ensemble, ou bien de

D ij

vouloir arriver tout d'un coup &
par saut à un certain état sans avoir
parcouru tous les états qui y acheminent. On veut être sçavant sans
avoir étudié, riche sans avoir travaillé, élevé en dignité sans l'avoir mérité, on veut satisfaire tout
à la fois des goûts & des penchans
opposés, on commence diverses
choses par où l'on devroit finir ;
en un mot, il n'y a rien de systématique dans la vie des hommes,
& cette multitude de fins particuliéres qui les occupent, ne font
point un tout lié & suivi. Ce sont
les tempéramens, ce sont les
âges, ce sont les circonstances
externes qui décident de tout.
Qu'en arrive-t'il ? C'est qu'au bout
d'une longue suite d'années &

après avoir bien travaillé sous le soleil, on n'apperçoit rien que vanité, parce qu'on a négligé de travailler pour soi-même, & d'avancer sa propre perfection. En effet, la seconde condition exprimée dans la maxime particuliére que nous développons, c'est que toutes les fins particuliéres réunies ensemble forment le moyen d'arriver à notre perfection. C'est le dernier terme où tout doit aboutir. Sans lui nous avons travaillé en vain, nous avons semé au vent, & nous moissonnerons la tempête. Je ne m'arrêterai pas à le prouver. Pourquoi existons-nous ? Est-ce pour telle ou telle fin particuliére ? Dieu a-t'il fait l'un pour être grand, l'autre pour être riche, ce-

D iij

lui-ci pour les Sciences, celui-là pour les Arts ? Non, Dieu a fait tous les hommes & les a mis au monde, afin que le tems de leur vie fut un apprentissage de perfection & de bonheur. Tout ce qu'ils font doit donc tendre là en dernier ressort. C'est la doctrine de la Religion aussi bien que de la raison. *Quoique vous fassiez, faites-le pour la gloire de Dieu.* Et qu'est-ce que cette gloire de Dieu, sinon que nous soyons parfaits & heureux ?

IV. Ma quatriéme & derniére maxime peut être regardée comme une conséquence des précédentes. C'est que nous ne devons jamais faire entrer dans notre plan de conduite des vûes & des intentions, qui répugnent à notre perfection; quand même ce ne feroient pas nos vûes & nos intentions principales. Il y a souvent divers motifs qui concourent à déterminer une action, & la nature de ces motifs n'est pas la même. Les uns sont essentiels, les autres sont accessoires. On prend des alimens sains & agréables pour se nourrir, & on les prend aussi pour se procurer des sensations qui nous flattent. On fait un voyage pour des raisons indispensables, & l'on pense en même-tems que cet exercice sera salutaire, ou du moins amusant. Il est permis aux hommes d'associer ainsi plusieurs raisons déterminantes, & ce seroit une morale outrée que de vouloir qu'ils ne fissent jamais rien que par la seule force du devoir. C'est l'ame de la société que cette multiplicité d'idées & d'intérêts, qui donne aux hommes plus ou moins de vivacité & d'ardeur dans leurs desseins. Mais ce que nous exigeons des parfaits, c'est-à-dire, de ceux qui tendent à la perfection, c'est que dans ces vûes accessoires elles mêmes, ils ne fassent jamais rien entrer de deshonnête & de mauvais, rien d'où puisse résulter leur imperfection. Car comme un peu de levain fait aigrir toute la pâte, une seule de ces vûes change toute la moralité de l'action, & arrête en général le grand ouvrage de la perfection.

C'est ici, une des causes les

plus fréquentes des illusions des hommes, un des principaux obstacles à leur perfection. Pourvû qu'ils puissent pallier leur conduite du nom spécieux de quelque vertu, ils ne se font aucun scrupule d'associer à ce prétendu motif capital quantité de vûes injustes & criminelles. Le zéle de religion, par exemple, n'a-t'il pas servi mille fois à couvrir les effets de l'orgueil, de l'envie, de la haine même & d'une vengeance implacable? La prudence d'un pere de famille qui veut laisser de quoi vivre à ses enfans, n'est-elle pas souvent guidée par une odieuse avarice qui se sert de ce prétexte? Disons la chose comme elle est. En approfondissant le cœur humain, on trouve que dans les trois quarts des actions qui passent pour vertueuses, la vertu n'est que le motif accessoire, & que telle ou telle passion est un motif réel & déterminant. C'est un bonheur à la vérité pour la Société que les hommes soient comme forcés à ménager & à conserver les apparences de la vertu, mais cela ne suffit pas pour la perfection, qui réquiert que l'homme agisse pour le bien en tant que bien, & trouve dans la beauté & dans les avantages de la vertu les seuls principes de ses actions.

CHAPITRE III.

Modéle de la Perfection.

UNE des singularités les plus remarquables que nous offrent les anciennes superstitions du Paganisme, ce sont les apothéoses, c'est-à-dire, le passage de la condition humaine à l'état des Dieux qu'on regardoit comme une chose possible, & comme une récompense dont un certain nombre de Héros du premier ordre avoient été mis en possession. La flaterie défigura dans la suite des tems cette idée assez noble dans son origine, & l'honneur des apothéoses fut décerné à des Empereurs, qui pendant leur vie avoient été des Tyrans détestés.

En épurant cette idée de tout ce que la foiblesse de l'esprit humain y avoit mêlé d'étranger, nous trouverons que le dogme en soi même n'est pas insoutenable, & qu'il y a tout au contraire une apothéose réelle proposée à l'homme pour dernier terme de tous ses travaux, & pour rémunération infaillible de son attachement à l'ordre, à la vertu, à la piété. La consommation de cet heureux état est réservée pour l'autre vie, mais nous en posons les fondemens, & nous en goûtons les prémices dès ici bas.

Ces fondemens, ce sont les régles de perfection que nous avons proposées dans les Chapitres précédens ; ~~c'est~~ ces prémices, c'est le bonheur attaché à l'obfervation de ces régles. Le Sauveur nous fait connoître que la principale fource de ce bonheur confifte dans cette reffemblance avec l'Etre Suprême, qui eft le fruit de la perfection. Nous allons nous attacher à cette idée, la développer, & la faire envifager comme le motif capital, qui doit nous déterminer à travailler fans relâche à notre perfection. *Soyez parfaits, comme votre Pere, qui eft aux Cieux eft parfait.*

L'idée que nous avons donnée jufqu'à préfent de la perfection, les régles auxquelles nous l'avons rapportée, ont été uniquement déduites de la nature de l'homme, & de la destination des facultés de son ame & de son corps. Ce plan de perfection n'exige autre chose que la connoissance de nous-mêmes & de nos véritables intérêts, & toute son obligation n'a d'autre force que celle que la Nature & la Raison lui prêtent. Néanmoins un Athée même est appellé à s'y soumettre, & il étend ses conséquences plus loin que ne lui permettent ses principes, lorsqu'il se regarde comme dégagé de tout lien, & qu'il nie la distinction du bien & du mal moral. Car enfin l'Athée a beau détrôner par une audace sacrilége le Maître de l'Univers, & refuser sa créance aux démonstrations que le monde lui fournit de toutes parts de l'existence d'un Dieu, il a beau dire follement en son cœur que ce Dieu n'existe point ; il demeure toujours vrai qu'il existe, lui homme, être composé d'ame & de corps, ou du moins capable de fonctions spirituelles & matérielles. C'est ce qui constitue son humanité, & cette humanité il ne sçauroit la dépouiller ni l'abjurer. Or tant qu'il la reconnoît, il ne peut s'empêcher d'y voir que certaines actions en altérent l'état & les opérations, tandis que d'autres les améliorent. Je ne lui en demande pas davantage pour le convaincre qu'il ne vit point sans Loi, & pour l'amener à la pratique des régles que j'ai enseignées. Leur observation forme la vertu Philosophique qui est compatible avec l'Athéisme, & sans laquelle l'Athée n'est plus qu'une bête féroce que la fougue de ses passions jette dans les excès les plus monstrueux. Mais par malheur l'abjuration de la Divinité est aisément & ordinairement suivie de l'abjuration de l'humanité. Car quand une fois la raison est assez en désordre pour méconnoître l'empreinte du Créateur dans ses ouvrages, il n'est pas surprenant qu'elle n'apperçoivent pas les Loix naturelles dans l'essence de l'homme. Cependant c'est une remarque très-importante que celle que nous faisons ici, sçavoir qu'il reste encore une Loi,

Loi, des principes & des régles pour l'Athée même; & dans bien des occasions, il seroit au moins à souhaiter que la raison fut écoutée au défaut de la Religion.

Je trouve encore dans ce que j'ai dit jusqu'ici le moyen le plus satisfaisant de débrouiller une Question, qu'un célébre & dangereux Ecrivain a embarrassée de tous les sophismes que sa plume traçoit avec tant d'art. C'est celle de l'existence d'une République d'Athées dans laquelle les choses fussent mieux réglées qu'elles ne le sont dans les Sociétés où la Religion est reconnue. Ceux qui en voulant détruire cette supposition, en ont nié la possibilité idéale & absolue, se sont trop avancés, & ont donné prife à leur adverfaire. Car nous venons de voir qu'il refte une Loi pour l'Athée, & qu'il eft poffible qu'il y faffe attention & qu'il la fuive. Or fi un Athée peut le faire, dix le pourront, cent mille, en un mot autant qu'il en faut pour former un corps de Société ; & ce corps compofé d'Athées rigides obfervateurs des régles naturelles de la perfection, fera fans contredit fujet de cette foule de défordres dont les Sociétés qui admettent la Religion, font remplies. Voilà ce qu'on ne fçauroit nier, mais le prétendu Fondateur de cette République n'en eft pas plus avancé du côté de la réalité ou de l'exiftence d'une femblable Société. Mille Athées exactement vertueux font poſſibles idéalement: mais où font-ils réellement, où les trouver ſur la face de la terre, où en trouver même un ſeul en qui le poiſon de l'Athéiſme n'ait pas affoibli le ſentiment & l'amour de la vertu ? S'il ſe forme une République d'Athées, ce ne ſera pas de ces Athées d'élite, qui, quoique poſſibles, n'exiſtent pourtant point, au moins en ſi grand nombre ; ce ſera de ceux que nous voyons & que nous connoiſſons, c'eſt-à-dire, de gens pris dans la maſſe du genre humain, infectés des vices qui régnent dans le monde, & qui ayant un frein de moins pour les retenir, & un frein très-puiſſant, c'eſt la Religion, seront par conséquent beaucoup plus disposés à donner dans toutes sortes d'excès. C'est là la seule République d'Athées qui soit possible dans l'Etat & dans les circonstances présentes, & le phantôme chimérique d'une Société d'Athées tous gens vertueux, est d'une impossibilité hypothétique, parce qu'il faudroit, pour ainsi dire, fondre des hommes tout exprès pour la compenser. Or c'est ici où j'arrête l'Apologiste de cette République; c'est ici où je le somme de commencer son paralelle, & de soutenir encore, s'il l'ose, son principe, en décidant lequel des deux Systêmes est préférable, celui d'un Etat d'où la crainte de Dieu & la pratique de la Religion font bannies, ou celui d'un Etat où ces respectables barriéres subsistent dans leur force. Il ne s'agit point de comparer les Athées tels qu'ils pourroient être avec les Chrétiens tels qu'ils sont; ce procédé est souverainement injuste, & les Athées ne manqueroient pas de se récrier hautement ou de nous accabler de railleries, si nous opposions le Chrétien sans défaut & conforme au modéle de l'Evangile à l'Athée dans son état ordinaire. Non, pour que la balance soit égale, il faut comparer les meilleurs des Athées en Société aux meilleurs des Chrétiens, ou les plus mauvais Athées aux plus mauvais Chrétiens. Or il restera toujours dans une Société vrayement Chrétienne une foule d'endroits qui donneront la supériorité à ses vertus, soit du côté de l'étendue, soit du dégré. Il y aura toujours dans la lie des Athées des horreurs qui ne se trouveront pas dans celle des Chrétiens. Ainsi en ramenant la chose à la réalité, je maintiens que le paradoxe de Bayle, car il seroit assez superflu de cacher son nom, est insoutenable, & je ne regarde pas les réflexions que je viens de lui opposer comme une digression, puisqu'elles me ramenent naturellement à mon but.

Ce but, c'est de faire voir que la simple vertu Philosophique est fort inférieure à la piété, & qu'il est beaucoup plus facile de travailler à sa perfection, quand on joint à l'obligation naturelle celle que nous imposent la connoissance de l'Etre Suprême & de ses divins attributs. C'est ce que je vais prouver d'une façon un peu plus détaillée.

Il y a un premier Etre, principe de tout ce qui existe, & qui posséde dans un dégré souverainement éminent toutes les perfections qui se montrent répandues dans ses ouvrages. Il a formé cet immense assemblage qu'on nomme l'Univers, & il le tient sous sa dépendance. Le frivole hazard ou l'aveugle destin n'ont aucune part aux événemens. Je me trouve placé dans cet Univers dont je fais partie. Ce n'est assurement pas à moi-même que je suis redevable de mon existence ; je la tiens de ce premier Etre. Mais à quel titre & sous quelles conditions ? Quand je m'examine avec toutes mes facultés, je ne vois rien qui puisse me faire juger que le Créateur ait eu sa propre utilité en vûe en m'accordant l'être. Tout ce que je suis & tout ce que je puis, ne sçauroit procurer le moindre dégré d'accroissement ou de diminution au bonheur souverain & inaltérable de l'Etre suffisant à soi-même. Cependant je suis destiné à quelque fin, & ce seroit une extrême stupidité que de méconnoître les avantages que je puis retirer de tant de qualités excellentes qui font en mon partage. Celà me méne à l'idée de chercher la fin de mon exiftence, dans l'emploi de mes facultés, dans leur confervation, dans leur accroiffement, en un mot dans ma perfection. En partant donc de l'exiftence de Dieu, & en la prenant pour principe, je reviens à la connoiffance de cette même Loi que je trouve dans ma propre Nature ; mais fi vous y prenez garde, cette obligation de travailler à ma perfection acquiert une force bien fupérieure, quand j'apperçois un Dieu, qui s'eft propofé cette même perfection pour fin en me créant ; un Dieu, qui eft le Spectateur & le Juge de ma conduite, auquel je plais en répondant à ses vûes, auquel je déplais en les traversant ; en un mot un Dieu qui me donne dans sa volonté un motif de conduite infiniment efficace. Se rendre parfait, parce que la Nature nous le conseille & nous le dicte, c'est une obligation suffisante pour déterminer un Etre intelligent, mais les obstacles perpétuels qui répugnent à la vertu peuvent l'affoiblir en bien des maniéres, & il est aisé de se décourager & de se relâcher quand on pense qu'au fonds cela ne regarde que nous seuls, & que nous n'avons à satisfaire que la voix intérieure de nos lumiéres naturelles. Au lieu qu'en élevant nos regards jusqu'à cet Etre, qui en voulant que nous existions n'a pû vouloir autre chose, sinon que nous fissions des progrès continuels dans la perfection, parce que ces progrès sont inséparables de ceux qui avancent notre bonheur: En réfléchissant, dis-je, sur ce grand motif de conformer notre volonté à celle de Dieu, nous nous sentons animés d'un zéle & d'une ardeur qui doivent naturellement applanir toutes les difficultés. Oui, mon Dieu, je t'apperçois & je t'adore dans tous tes Ouvrages, j'y découvre tes vûes, j'entends ta voix qui m'appelle à les seconder, & je me hâte de répondre à cette glorieuse vocation, dans laquelle je trouve ma propre félicité.

Cette idée générale de l'existence de Dieu ne suffit pourtant pas encore pour mettre dans tout son jour l'obligation qui en découle par rapport à notre perfection, il faut une méditation plus particuliére des attributs Divins. Le Sauveur lui-même ne dit pas, *soyez parfaits, parce qu'il y a un Dieu* ; mais *soyez parfaits, comme ce Dieu est parfait*, ou, *parce qu'il est parfait*. Nous trouvons donc tout à la fois dans notre Pere céleste le motif & le modéle. J'ose même dire que sans le modéle le motif perdroit beaucoup de sa force. Un Pere vicieux peut bien recommander la vertu à ses enfans, mais son exemple fera toujours plus d'effet que ses leçons. Les Législateurs sensés en général ont eu soin de faire voir qu'ils respectoient les premiers les Loix qu'ils avoient établies. Dieu n'est pas assujetti, j'en conviens, aux mêmes dépendances que les hommes ; mais il trouve dans sa propre essence la plus étroite & la plus indispensable des obligations, une obligation qu'aucun Etre externe ne lui a imposée ; mais qu'il ne pourroit enfreindre sans tomber en contradiction avec soi-même, sans cesser d'être Dieu, c'est-à-dire, l'Etre souverainement parfait. Aussi les perfections de Dieu, éclatent dans toutes ses œuvres, elles ne se démentent jamais, & leur concert, leur harmonie, en tant que l'homme les connoît, forment ce qu'on appelle la gloire Dieu. Or chacune de ces perfections considérées en particulier peut & doit servir à l'homme de motif pour régler ses actions. C'est ce qui me paroît aisé de prouver.

Comment voir l'ordre merveilleux qui régne dans la Nature & les fins constantes auxquelles tout se rapporte, sans admirer la sagesse de Dieu ? Mais peut-on l'admirer, sans se dire à soi-même : Irai-je troubler cet ordre & détruire ces fins, en tenant une conduite par laquelle j'abuse de moi-même, & des choses qui ont été destinées à mon usage ? Comment penser à l'immensité de l'Univers, aux détails infinis de connoissance sans lesquels il a été impossible de le créer, & il seroit impossible de le gouverner, sans s'écrier ? *Où irai-je arriére de ton esprit ?* Mais peut-on reconnoître la toute-science de Dieu, sans se dire à soi-même ; je compterai toutes mes voyes, & je marcherai comme étant en la présence de l'Eternel, qui sonde les cœurs & les reins. Comment passer en revûe cette foule innombrable de biens de toute espéce qui s'offrent à nos regards, sans psalmodier : *Célébrés l'Eternel, car il est bon, & sa gratuité demeure à toujours.* Mais peut-on célébrer la bonté de Dieu sans se dire à soi-même ? *Que rendrai-je à l'Eternel*, & que demande-t'il de moi en retour de tant de graces, si ce n'est que je fasse ce qui est droit ? Comment expliquer les divers maux auxquels Dieu a permis l'entrée de ce monde sans se former l'idée d'une justice qui s'en sert pour punir, ou du moins pour corriger les hommes ? Mais peut-on sçavoir que Dieu est juste & s'obstiner dans l'iniquité, voir tant d'exemples de la rigueur de ses jugemens, & les braver en vivant dans l'impénitence ? C'est ainsi, que l'idée des perfections Divines devient une source de motifs à la pratique de nos devoirs, & que nous apprenons à devenir *parfaits, comme notre Pere qui est aux Cieux est parfait.*

Telle étant l'efficace des motifs que nous fournissent les perfections

tions de l'Etre Suprême pour régler nos actions, on conviendra aisément, que plus ces perfections sont développées, manifestées, démontrées, plus nous y trouvons de secours dans l'avancement de notre perfection. A mesure que les traits du Pere Céleste, si je puis m'exprimer ainsi, deviennent plus marqués & plus distincts, la facilité de les saisir & de les exprimer par la voye de l'imitation, augmente. Ainsi quelqu'éloquent que soit le langage de la Nature sur ce sujet, s'il a plû à Dieu d'employer quelque autre voye que celle de ses œuvres pour se faire mieux connoître à l'homme, c'est une faveur digne de toute sa reconnoissance, & qu'il

F

doit mettre soigneusement à profit. Dieu nous l'a accordée cette insigne faveur; nous avons acquis des lumiéres & des connoissances sur les Perfections Divines fort au-dessus de celles que la Nature nous offre.

Jusqu'ici nous n'avons posé que les fondemens de la Piété Philosophique, qui apperçoit Dieu dans ses Ouvrages, & qui fait des Perfections Divines que le spectacle de la Nature met devant nos yeux, des motifs de régler sa conduite conformément à ces perfections. Mais la Piété Chrétienne qui est appuyée sur la Révélation, & qui a reçu du Fils de Dieu même des trésors de connoissances, qui font briller avec un éclat tout nouveau la bonté, la puissance, la sagesse, la justice, & toutes les Perfections Divines, si vivement exprimées dans le grand ouvrage de la Rédemption, la Piété Chrétienne prend un essor bien plus élevé que la Piété Philosophique, elle nous mene avec beaucoup plus de rapidité dans la carriére de la Perfection. Que ne puis-je le prouver par le fait & par l'expérience ? Que ne puis-je dire: Voyez ces Chrétiens préservés de la contagion du siécle, fidéles aux Loix de l'Evangile, brûlans des flammes de l'amour Divin, qui vont continuellement de *foi en foi, de vertu en vertu*, de perfection en perfection ? Que ne puis-je confondre tout d'un coup les incrédules qui se rient de la Perfection Chrétienne, en les forçant de l'admirer dans les Chrétiens mêmes ? Mais s'il est difficile d'employer cette démonstration sensible, quoiqu'il reste encore, par la grace de Dieu, assez d'ames fidéles qui, faisant régner le Sauveur dans leur cœur, & soumettant leurs actions à ses divins préceptes, sont comme autant *de flambeaux au milieu de la génération tortue & perverse* ; il demeure pourtant incontestable que la nouvelle mesure de connoissances que l'Evangile a répandue dans le monde, & en particulier les idées plus distinctes que nous y puisons des Perfections Divines, sont autant de motifs très-puissans pour nous porter à devenir *parfaits comme notre Pere qui est aux Cieux est parfait.*

CONCLUSION.

En quoi consiste donc la PERFECTION DU CHRÉTIEN ? Seroit-elle différente de celle dont on a donné l'idée & les régles dans ce Traité ? Non, il ne peut y avoir qu'une sorte de perfection ; & que pourroit-on enseigner à l'homme de plus que l'accord unanime de toutes ses actions libres avec les fins de la Nature & de son Auteur ? Cette idée épuise tout ce dont l'homme est capable; elle le mene à son plus haut période; disons mieux, elle lui montre le but où il devroit atteindre, mais où il n'atteint jamais.

Mais, dira-t'on peut-être, l'exhortation à être *parfaits* n'acquiert donc aucune force dans la bouche du Sauveur, & l'Evangile ne renferme point l'idée d'une perfection supérieure à celle que la Nature indique & prescrit. Gardons-nous de pécher par un excès aussi odieux d'ingratitude, mais craignant d'un autre côté l'écueil de la chimére & du fanatisme. Le Fils de Dieu est venu tracer, la route de la perfection, aux hommes, & sa doctrine en eſt le divin modéle. Mais cette perfection, c'eſt celle qui a ſon fondement dans la Nature, & qui étant altérée & comme effacée par les prodigieux égaremens des hommes, avoit beſoin d'être rétablie dans ſa pureté primitive. Qu'on examine tous les préceptes de la morale, & qu'on m'en indique un, ſi l'on peut, qui n'ait pas pour but de régler nos actions libres, de maniére qu'elles tendent à la perfection de notre ame & de notre corps, en s'y accordant avec nos actions naturelles. Il n'y a que de faux Docteurs qui puiſſent preſcrire aux hommes des obſervances inutiles, ou ruineuſes pour les forces de l'ame, & du corps. La Religion Chrétienne, bien comprise & bien expliquée, n'est autre chose que le parfait rétablissement de la Loi Naturelle.

Mais ce qui lui donne une supériorité fort grande sur la Loi Naturelle, c'est la force des motifs qu'elle propose & par lesquels elle nous détermine à la pratique des Vertus & à la recherche de la Perfection. Il n'y a que JESUS-CHRIST qui puisse nous dire, *soyez parfaits*, comme votre *Pere qui est aux Cieux est parfait*; parce qu'il n'y a que JESUS-CHRIST qui nous ait développé dans toute leur étendue les perfections du Pere Céleste & l'influence qu'elles doivent avoir fur notre conduite.

En un mot, & pour conclurre, mener une vie parfaite, c'eſt la même choſe dans la Nature & dans la Grace, puiſqu'on ne ſçauroit faire davantage que d'aſſujettir toutes ſes actions libres aux mêmes fins que Dieu s'eſt propoſé en nous donnant l'être. Si le Chrétien eſt plus parfait que l'Infidéle, ce n'eſt pas qu'il y ait une perfection à part pour lui ; mais c'eſt parce que la Religion lui fournit des lumiéres & des ſecours, dont l'Infidéle eſt privé.

Heureux ceux qui remporteront de la lecture de ce petit Ouvrage une idée plus diſtincte de la perfection à laquelle Dieu les appelle ! Plus heureux ceux qui travailleront promptement & efficacement à la réduire en pratique !

FIN.

www.ingramcontent.com/pod-product-compliance
Lightning Source LLC
LaVergne TN
LVHW050643090426
835512LV00007B/1015